Impressum
Verlag: BABADADA GmbH, Nedderfeld 112 , 22529 Hamburg
Geschäftsführer / Verlagsleitung: Harald Hof
Druck: Books on Demand GmbH, In de Tarpen 42, 22848 Norderstedt

Imprint
Publisher: BABADADA GmbH, Nedderfeld 112 , 22529 Hamburg, Germany
Managing Director / Publishing direction: Harald Hof
Print: Books on Demand GmbH, In de Tarpen 42, 22848 Norderstedt, Germany

სკოლა

училище

საკლასო ოთახი
класна стая
გაყოფა
деление
186/2
დაფა
черна дъска
სკოლის ეზო
училищен двор
მასწავლებელი
учител
ქაღალდი
хартия
წერა
пиша
კალამი
химикал
მაგიდა
бюро
სახაზავი
линеал
წიგნი
книга
მოსწავლე
ученик

ზურგჩანთა

ученическа раница

პენალი

ученически несесер

ფანქარი

молив

ფანქრების სათლელი

острилка за моливи

საშლელი

гума

ნახატების ალბომი

блок за рисуване

2 სკოლა - училище

ნახატი
рисунка

ფუნჯი
четка

საღებავის ყუთი
акварелни бои

მაკრატელი
ножица

წებო
лепило

სავარჯიშო რვეული
тетрадка за упражнения

საშინაო დავალება
домашна работа

12

ნომერი
число

2+2

დამატება
събиране

5-2

გამოკლება
изваждане

2×2

გამრავლება
умножение

გამოთვლა
смятане

A

წერილი
буква

ABCDEFG
HIJKLMN
OPQRSTU
VWXYZ

ანბანი
азбука

hello

სიტყვა
дума

ტექსტი

текст

წაკითხვა

чета

ცარცი

тебешир

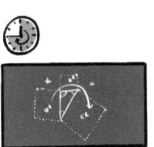

გაკვეთილი

час

რეგისტრაცია

дневник на класа

გამოცდა

изпит

სერტიფიკატი

свидетелство

სკოლის ფორმა

ученическа униформа

განათლება

образование

ენციკლოპედია

справочник

უნივერსიტეტი

университет

მიკროსკოპი

микроскоп

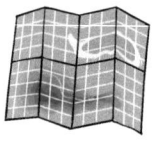

რუკა

карта

კალათა ნარჩენი ქაღალდებისათვის

кошче за хартиени отпадъци

მოგზაურობა
пътуване

სასტუმრო
хотел
Grand
ჰოსტელი
хостел
ROOMS
ვალუტის გადაცვლის პუნქტი
обменно бюро
ჩემოდანი
куфар
მანქანა
кола

ენა

език

კი / არა

да / не

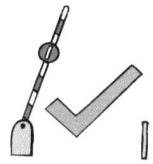

კარგი

Окей

გამარჯობა

здравей

მთარგმნელი

преводач

გმადლობთ

Благодаря

რა ღირს... ?

Колко струва...?

ვერ გავიგე

Не разбирам

პრობლემა

проблем

აღამო მშვიდობისა!

Добър вечер!

დილა მშვიდობისა!

Добро утро!

ღამე მშვიდობისა!

Лека нощ!

ნახვამდის

довиждане

მიმართულება

посока

ბარგი

багаж

ჩანთა

пътна чанта

ზურგჩანთა

раница

სტუმარი

посетител

ოთახი

стая

საძილე ტომარა

спален чувал

კარავი

палатка

ტურისტული ინფორმაცია

туристическа информация

სანაპირო

плаж

საკრედიტო ბარათი

кредитна карта

საუზმე

закуска

ლანჩი

обед

ვახშამი

вечеря

ბილეთი

билет

ლიფტი

асансьор

საფოსტო მარკა

пощенска марка

საზღვარი

граница

საბაჟო

митница

საელჩო

посолство

ვიზა

виза

პასპორტი

паспорт

ტრანსპორტი

транспорт

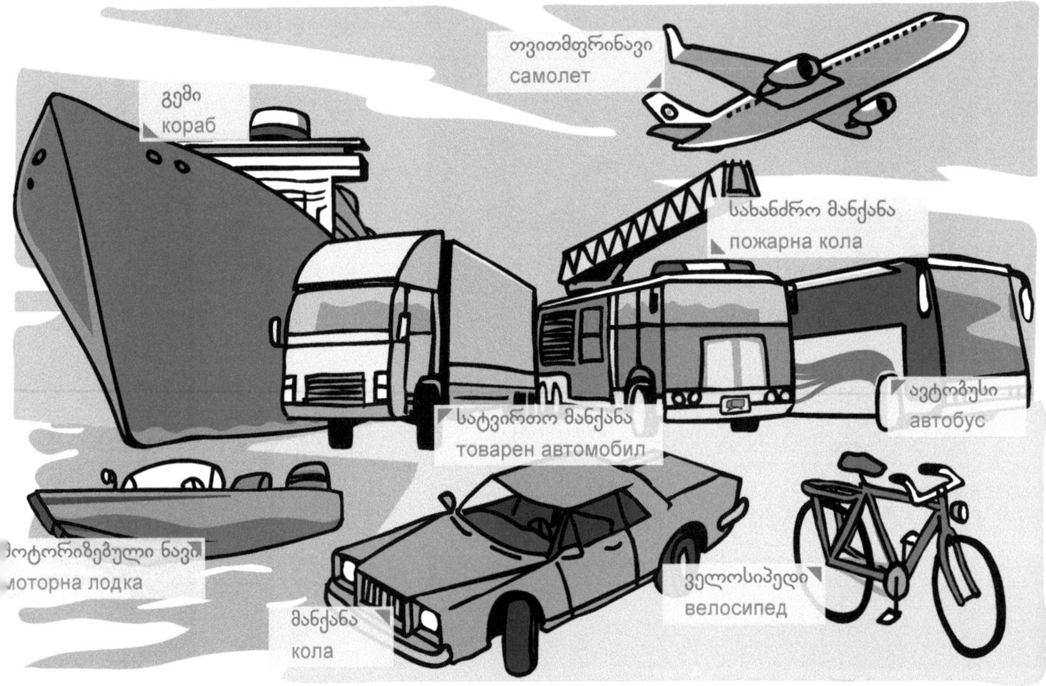

თვითმფრინავი
самолет
გემი
кораб
სახანძრო მანქანა
пожарна кола
ავტობუსი
автобус
სატვირთო მანქანა
товарен автомобил
მოტორიზებული ნავი
моторна лодка
ველოსიპედი
велосипед
მანქანა
кола

ბორანი

ферибот

ნავი

лодка

მოტოციკლი

мотоциклет

პოლიციის მანქანა

полицейска кола

სარბოლო მანქანა

състезателна кола

დაქირავებული მანქანა

кола под наем

მანქანის ერთობლივი მოხმარება

каршеринг

საბუქსირე მანქანა

автомобил от "Пътна помощ"

ნაგვის მანქანა

сметовоз

ძრავა

двигател

საწვავი

бензин

ბენზინგასამართი სადგური

бензиностанция

საგზაო ნიშანი

пътен знак

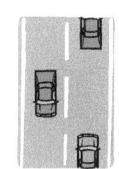

მოძრაობა

улично движение

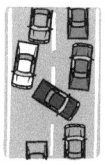

საცობი

задръстване

მანქანის სადგომი

паркинг

მატარებლის სადგური

гара

ლიანდაგები

релси

მატარებელი

влак

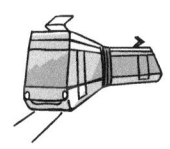

ტრამვაი

трамвай

ვაგონი

вагон

ვერტმფრენი
хеликоптер

აეროპორტი
аерогара

კოშკი
кула

მგზავრი
пасажер

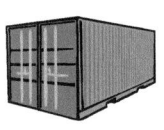

კონტეინერი
контейнер

მუყაოს ყუთი
кашон

ურიკა
ръчна количка

კალათა
кошница

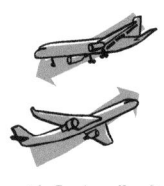

აფრენა / დაშვება
излитам / приземявам се

ქალაქი

град

სოფელი
село

ქალაქის ცენტრი
градски център

სახლი
къща

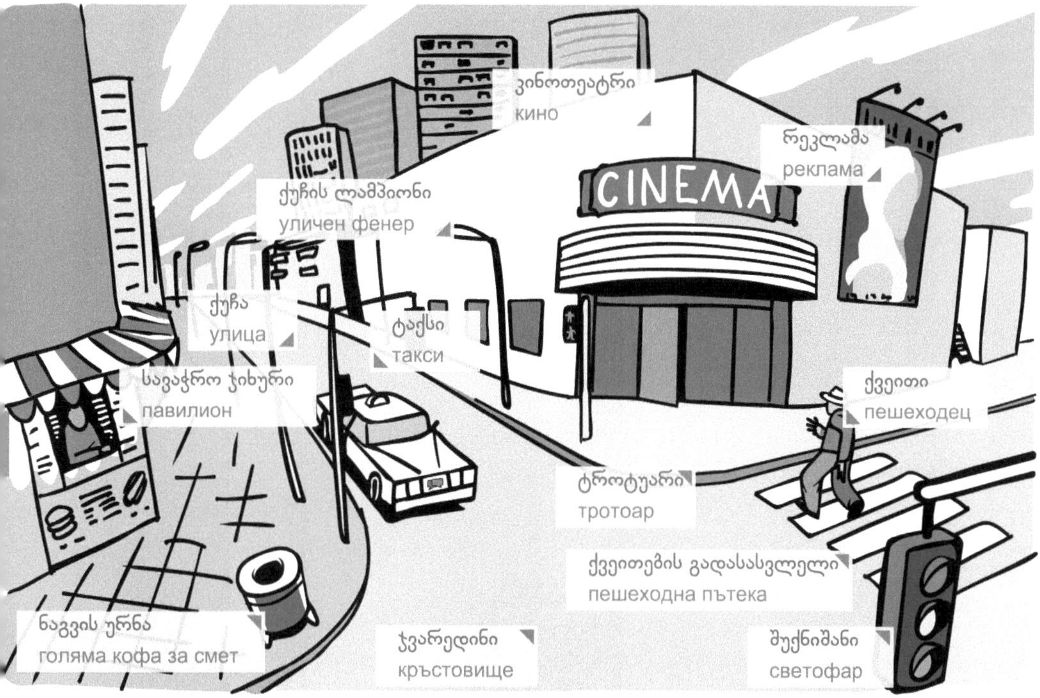

კინოთეატრი
кино
რეკლამა
реклама
CINEMA
ქუჩის ლამპიონი
уличен фенер
ქუჩა
улица
ტაქსი
такси
სავაჭრო ჯიხური
павилион
ქვეითი
пешеходец
ტროტუარი
тротоар
ქვეითების გადასასვლელი
пешеходна пътека
ნაგვის ურნა
голяма кофа за смет
ჯვარედინი
кръстовище
შუქნიშანი
светофар

ქოხი

хижа

ბინა

жилище

მატარებლის სადგური

гара

მუნიციპალიტეტი

кметство

მუზეუმი

музей

სკოლა

училище

უნივერსიტეტი

университет

ბანკი

банка

საავადმყოფო

болница

სასტუმრო

хотел

აფთიაქი

аптека

ოფისი

офис

წიგნების მაღაზია

книжарница

მაღაზია

магазин за цветя

ფლორისტი

магазин за цветя

სუპერმარკეტი

супермаркет

ბაზარი

пазар

მაღაზიის განყოფილება

универсален магазин

თევზის გამყიდველი

търговец на риба

სავაჭრო ცენტრი

търговски център

ნავსადგომი

пристанище

პარკი

парк

გრძელი სკამი

пейка

ხიდი

мост

კიბეები

стълба

მიწისქვეშა გადასასვლელი

метро

გვირაბი

тунел

ავტობუსის გაჩერება

автобусна спирка

ბარი

бар

რესტორანი

ресторант

საფოსტო ყუთი

пощенска кутия

ქუჩის ნიშანი

улична табелка

პარკინგის საზომი

часовник за паркинг престой

ზოოპარკი

зоологическа градина

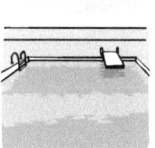

საცურაო აუზი

плувен басейн

მეჩეთი

джамия

ფერმა

селски двор

გარემოს დაბინძურება

замърсяване на околната
среда

სასაფლაო

гробище

ეკლესია

църква

საბავშვო მოედანი

детска площадка

ტაძარი

храм

ლანდშაფტი
пейзаж

ფოთოლი
листо

გზის მანიშნებელი ნიშანი
пътепоказател

გზა
път

მდელო
ливада

ქვა
камък

ხე
дърво

მოგზაური
пътешественик

მდინარე
река

ბალახი
трева

ყვავილი
цвете

ხეობა
....
долина

გორაკი
....
планина

ტბა
....
море

ტყე
....
гора

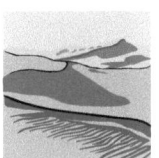

უდაბნო
....
пустиня

ვულკანი
....
вулкан

ციხე
....
замък

ცისარტყელა
....
дъга

სოკო
....
гъба

პალმა
....
палма

კოღო
....
комар

ბუზი
....
муха

ჭიანჭველა
....
мравка

ფუტკარი
....
пчела

ობობა
....
паяк

ხოჭო

бръмбар

ბაყაყი

жаба

ციყვი

катеричка

ზღარბი

таралеж

კურდღელი

заек

ბუ

кукумявка

ფრინველი

птица

გედი

лебед

ტახი

диво прасе

ირემი

елен

ცხენ-ირემი

лос

კაშხალი

бент

ქარის ტურბინა

вятърна турбина

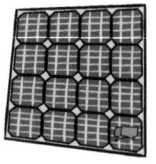

მზის ბატარეა

соларен модул

კლიმატი

климат

რესტორანი

ресторант

მიმტანი
келнер
მენიუ
меню
стол
სუპი
супа
პიცა
пица
მაგიდაზე გადასაფარებელი
покривка за маса
დანა-ჩანგალი
прибори за хранене

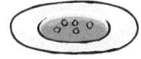

საუზმე

предястие

მთავარი კერძი

основно ястие

დესერტი

десерт

დასალევი

напитки

საჭმელი

ядене

ბოთლი

бутилка

სწრაფი კვება

бързо хранене

ქუჩის საჭმელი

улична храна

ჩაიდანი

кана за чай

საშაქრე

кутия за захар

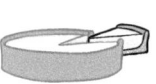

პორცია

порция

ესპრესოს მანქანა

еспресо машина

მაღალი სკამი

висок детски стол

ანგარიში

сметка

ლანგარი

табла

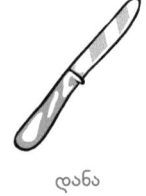

დანა

ножица за нокти

ჩანგალი

вилица

კოვზი

лъжица

ჩაის კოვზი

чаена лъжичка

ხელსახოცი

салфетка

ჭიქა

стъклена чаша

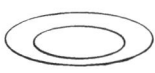

თეფში

чиния

სუპის თეფში

чиния за супа

ჩაის ლამბაქი

чинийка

საწებელი

сос

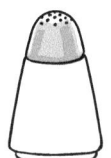

სამარილე

солница

წიწაკის საფქვავი

мелничка за черен пипер

ძმარი

оцет

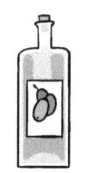

ზეთი

олио

სანელებლები

подправки

კეტჩუპი

кетчуп

მდოგვი

горчица

მაიონეზი

майонеза

სუპერმარკეტი
супермаркет

სპეციალური შეთავაზება
оферта
FOR
მომხმარებელი
клиент
რძის ნაწარმი
млечни продукти
ხილი
плодове
ურიკა
количка за покупки

სასაკლაო
კланица

საცხობი
хлебарница

აწონვა
тегля

ბოსტნეული
зеленчуци

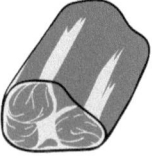

ხორცი
месо

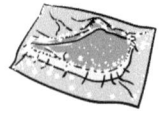

გაყინული საკვები
дълбоко замразена храна

გრილი ხორცი

нарязан колбас или сирене

კონსერვები

консерви

სარეცხი ფხვნილი

перилен препарат

ტკბილეული

лакомства

საყოფაცხოვრებო პროდუქტები

домакински изделия

სარეცხი საშუალებები

почистващи препарати

გამყიდველი

продавачка

სალარო

каса

მოლარე

касиер

საყიდლების სია

списък на покупките

მუშაობის საათები

работно време

პორტმანი

портфейл

საკრედიტო ბარათი

кредитна карта

ჩანთა

чанта

პლასტიკური პარკი

пластмасова торба

დასალევი
напитки

წყალი

вода

წვენი

сок

რძე

мляко

კოკა-კოლა

кола

ღვინო

вино

ლუდი

бира

ალკოჰოლი

алкохол

კაკაო

какао

ჩაი

чай

ყავა

кафе машина

ესპრესო

еспресо

კაპუჩინო

капучино

საჭმელი
ядене

ბანანი

банан

ვაშლი

ябълка

ფორთოხალი

портокал

საზამთრო

пъпеш

ლიმონი

лимон

სტაფილო

морков

ნიორი

чесън

ბამბუკი

бамбук

ხახვი

лук

სოკო

гъба

კაკალი

ядки

ატრია

макарони

სპაგეტი

спагети

ბრინჯი

ориз

სალათი

салата

ჩიპსები

пържени картофи

შემწვარი კარტოფილი

печени картофи

პიცა

пица

ჰამბურგერი

хамбургер

სენდვიჩი

сандвич

კოტლეტი

шницел

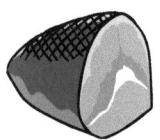

ლორი

шунка

სალიამი

траен колбас

ძეხვი

салам

წიწილა

пиле

შემწვარი ხორცი

печено

თევზი

риба

შვრიის ფაფა

овесени ядки

მუსლი

мюсли

სიმინდის ფანტელები

корнфлейкс

ფქვილი

брашно

კრუასანი

кроасан

ბულკი

хлебчета

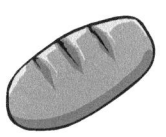

პური

хляб

ტოსტი

препечена филийка

ნამცხვრები

бисквити

კარაქი

масло

ხაჭო

извара

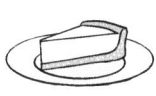

ტორტი

сладкиш

კვერცხი

яйце

ერბო-კვერცხი

яйца на очи

ყველი

сирене

ნაყინი
сладолед

შაქარი
захар

თაფლი
мед

ჯემი
мармалад

შოკოლადის კრემი
нуга крем

კარი
къри

საჭმელი - ядене

ფერმა

селски двор

სოფლის სახლი
селска къща
თავლა
плевня
ჩალის შეკვრა
бала сено
ყანა
поле
ცხენი
кон
მისაბმელი
ремарке
კვიცი
конче
ტრაქტორი
трактор
ვირი
магаре
ცხვარი
овца
ცხვარი
агне

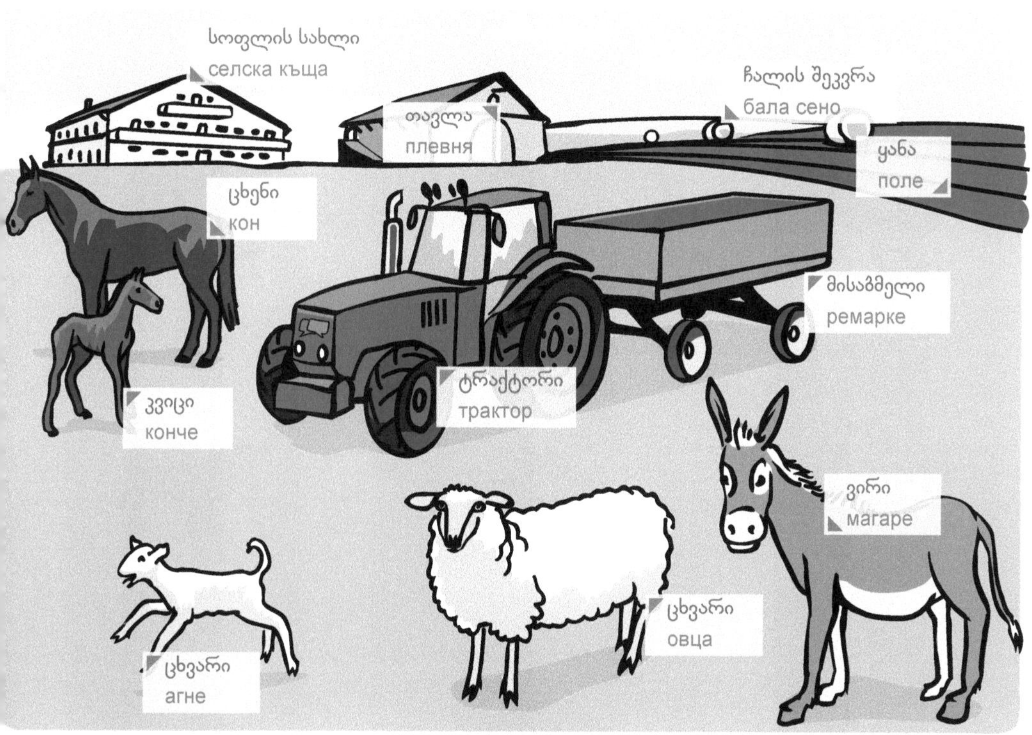

თხა

коза

ძროხა

крава

ხბო

теле

ღორი

свиня

გოჭი

прасенце

ხარი

бик

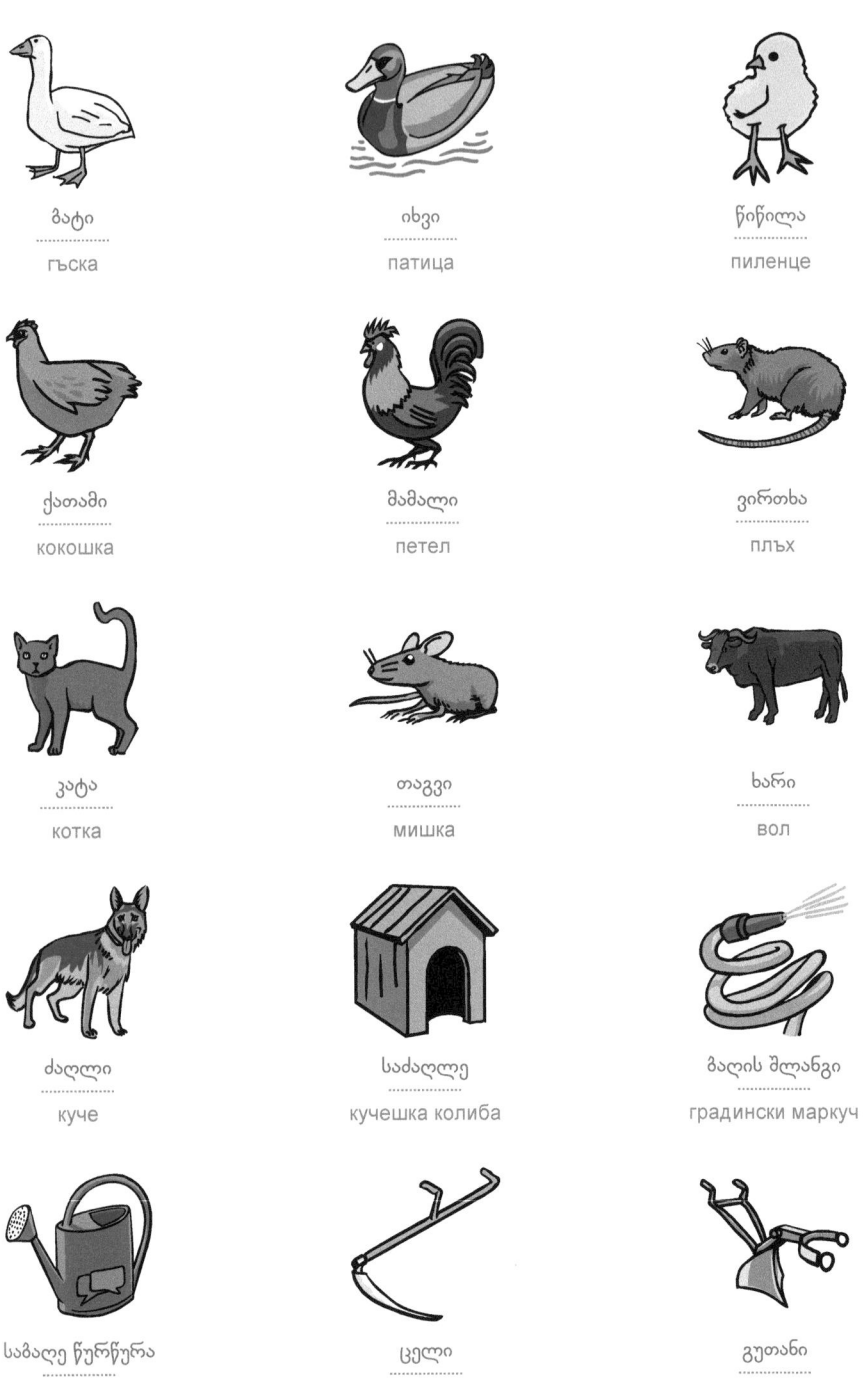

ბატი

гъска

იხვი

патица

წიწილა

пиленце

ქათამი

кокошка

მამალი

петел

ვირთხა

плъх

კატა

котка

თაგვი

мишка

ხარი

вол

ძაღლი

куче

საძაღლე

кучешка колиба

ბაღის შლანგი

градински маркуч

საბაღე წურწურა

лейка

ცელი

коса

გუთანი

плуг

ნამგალი

сърп

თოხი

мотика

პატივის სახვეტი ჩანგალი

вила за тор

ცული

брадва

მაზიდი

ръчна количка

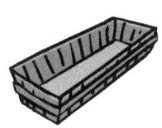

გობი

корито

რძის ბიდონი

съд за мляко

ტომარა

чувал

ღობე

ограда

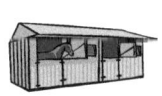

ბოსელი

обор

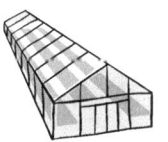

სათბური

парник

ნიადაგი

земя

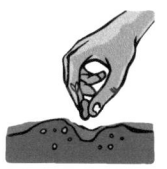

თესლი

сеитба

სასუქი

тор

მოსავლის ამღები კომბაინი

комбайн

მოსავლის აღება

жъна

მოსავალი

реколта

იამი

ямс

ხორბალი

жито

სოიო

соя

კარტოფილი

картоф

სიმინდი

царевица

სარეველას თესლი

рапица

ხეხილი

овощно дърво

მანიოკი

маниока

მარცვლეული

зърнени храни

ფერმა - селски двор

სახლი
къща

ბუხარი
комин
სახურავი
покрив
წყალსადინარი მილი
улук
ფანჯარა
прозорец
ავტოფარეხი
гараж
კარის ზარი
звънец
კარი
врата
ნაგვის ყუთი
кофа за боклук
საფოსტო ყუთი
пощенска кутия
ბაღი
градина

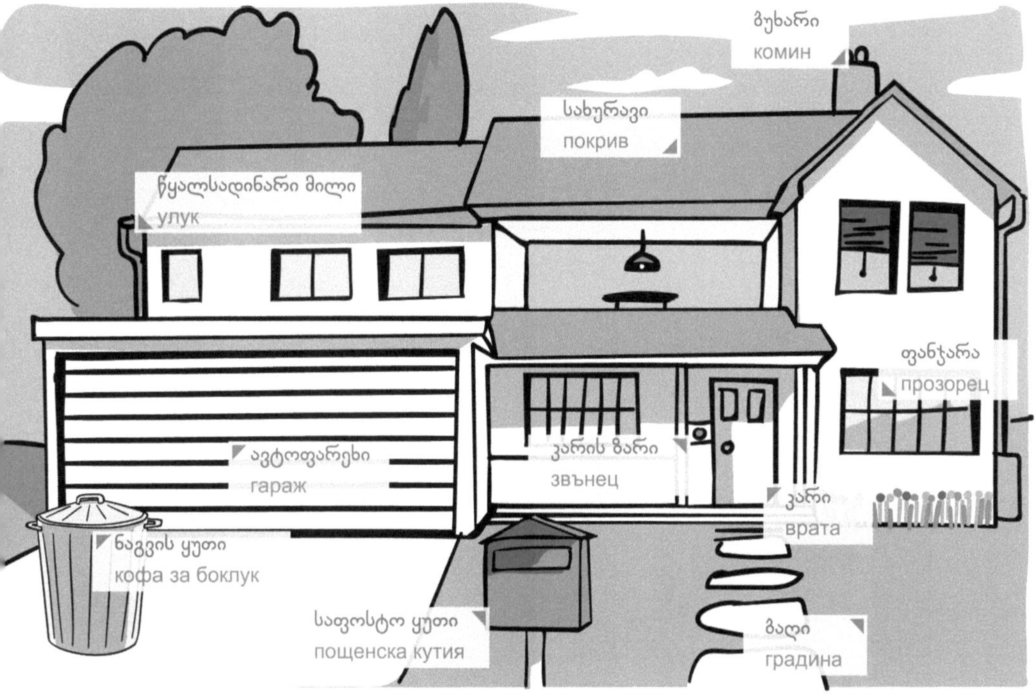

მისაღები ოთახი
всекидневна

აბაზანა
баня

სამზარეულო
кухня

საძინებელი
спалня

საბავშვო ოთახი
детска стая

სასადილო ოთახი
трапезария

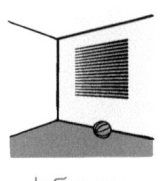

სართული

под

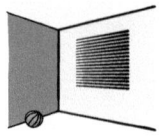

კედელი

стена

ჭერი

таван

სარდაფი

изба

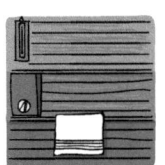

საუნა

сауна

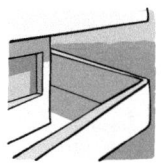

აივანი

балкон

ტერასა

тераса

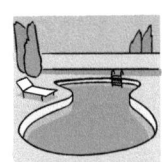

აუზი

плувен басейн

გაზონის საკრეჭი

косачка

საბნის კონვერტი

спално бельо

საწოლი

покривка за легло

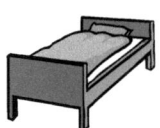

ლოგინი

легло

ცოცხი

метла

სათლი

кофа

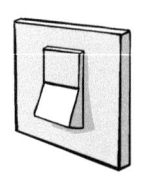

გადამრთველი

електрически ключ

მისაღები ოთახი

всекидневна

შპალერი
тапет
ნახატი
картина
ნათურა
лампа
თარო
рафт
კარადა
шкаф
ტელევიზორი
телевизор
ბუხარი
камина
ყვავილი
цвете
ბალიში
възглавница
დივანი
канапе
ვაზა
ваза
დისტანციური მართვა
дистанционно управление

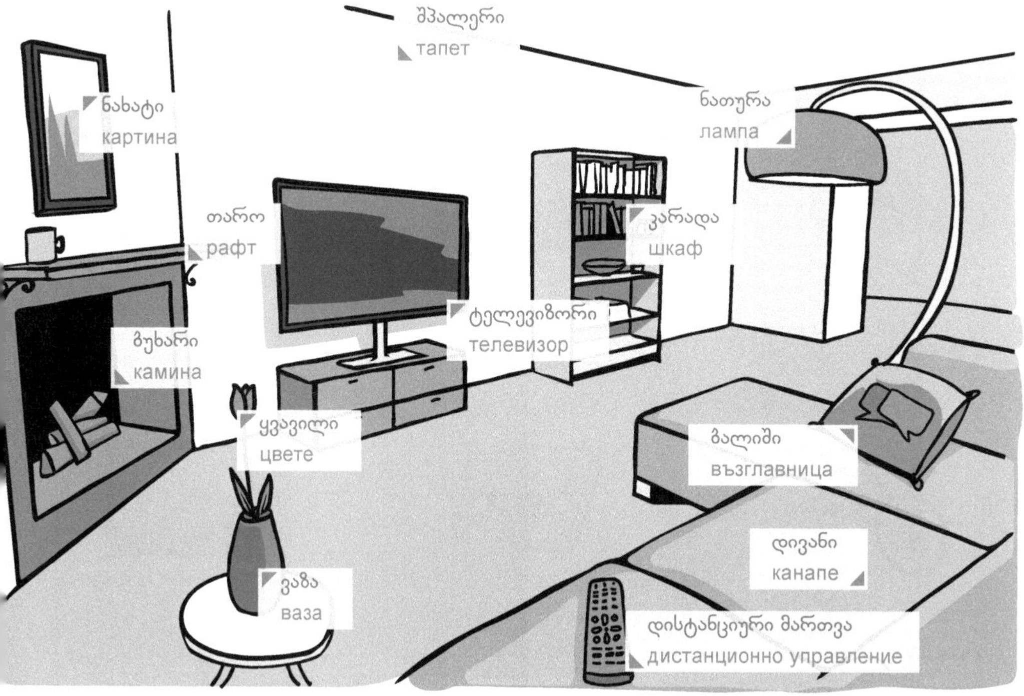

ხალიჩა

килим

ფარდა

завеса

მაგიდა

маса

სკამი

стол

სარწეველა სკამი

люлеещ се стол

სავარძელი

кресло

წიგნი

книга

საბანი

одеяло

დეკორაცია

декорация

შეშა

дърва за отопление

ფილმი

филм

hi-fi მოწყობილობები

стерео уредба

გასაღები

ключ

გაზეთი

вестник

ფერწერა

живопис

პლაკატი

постер

რადიო

радио

ბლოკნოტი

бележник

მტვერსასრუტი

прахосмукачка

კაქტუსი

кактус

სანთელი

свещ

სამზარეულო
кухня

მაცივარი
хладилник
მიკრო-ტალღური ღუმელი
микровълнова фурна
სამზარეულოს სასწორი
кухненска везна
ტოსტერი
тостер
სარეცხი საშუალება
почистващо средство
ღუმელი
фурна
საყინულე
хладилна камера
ნაგვის ყუთი
кофа за боклук
ჭურჭლის სარეცხი მანქანა
миялна машина

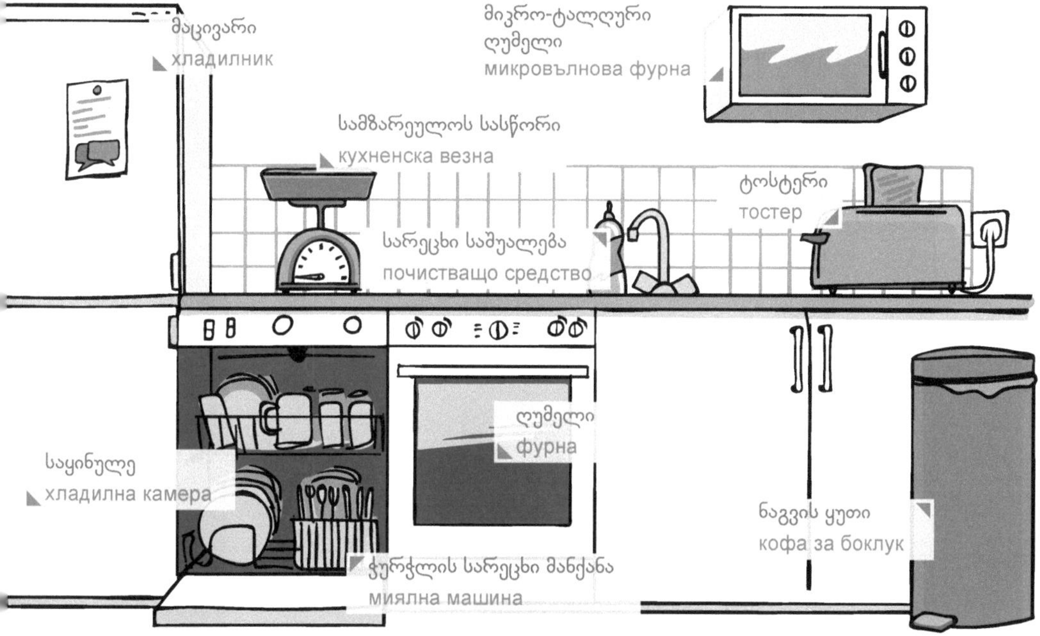

გაზქურა
готварска печка

ქოთანი
тенджера

თუჯის ქვაბი
желязна тенджера

ტაფა ამობერილი ფსკურით
уок / кадаи

ტაფა
тиган

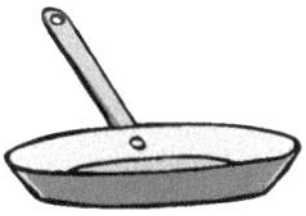

ჩაიდანი
кана за затопляне на вода

სამზარეულო - кухня 35

ორთქლსახარში

уред за готвене на пара

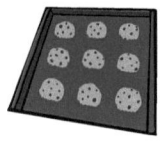

საცხობი ლანგარი

тава за печене

ჭურჭელი

съдове

კათხა

чаша

თასი

купа

ჩინური ჩხირები

клечки за хранене

ჩამჩა

черпак

ფითხი

лопатка за тиган

სათქვეფელა

тел за разбиване (на яйца, белтъци)

საწური

кошница за варене

საცერი

гевгир

სახეხი

ренде

სანაყი

хаван

გრილი

барбекю

კოცონი

огнище

დაფა

дъска

საგორავი

точилка

ბურღი

тирбушон

ქილა

кутия

ქილის გასახსნელი

отварачка за консерви

ქოთნის დამჭერი

кухненска ръкохватка

ნიჟარა

мивка

ფუნჯი

четка

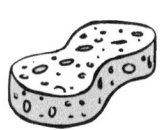

ღრუბელი

гъба

ბლენდერი

миксер

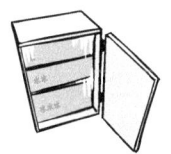

საყინულე კამერა

фризер

საბავშვო ბოთლი

бебешко шише

ონკანი

воден кран

აბაზანა

баня

შხაპი
душ
გათბობა
отопление
პირსახოცი
хавлиена кърпа
საშხაპე ფარდა
завеса за баня
ღრუბლიანი აბანო
шампоан за вана
ვანა
вана
ჭიქა
стъклена чаша
სარეცხი მანქანა
перална машина
ონკანი
воден кран
ფილები
плочки
ღამის ქოთანი
гърне
ნიჟარა
мивка

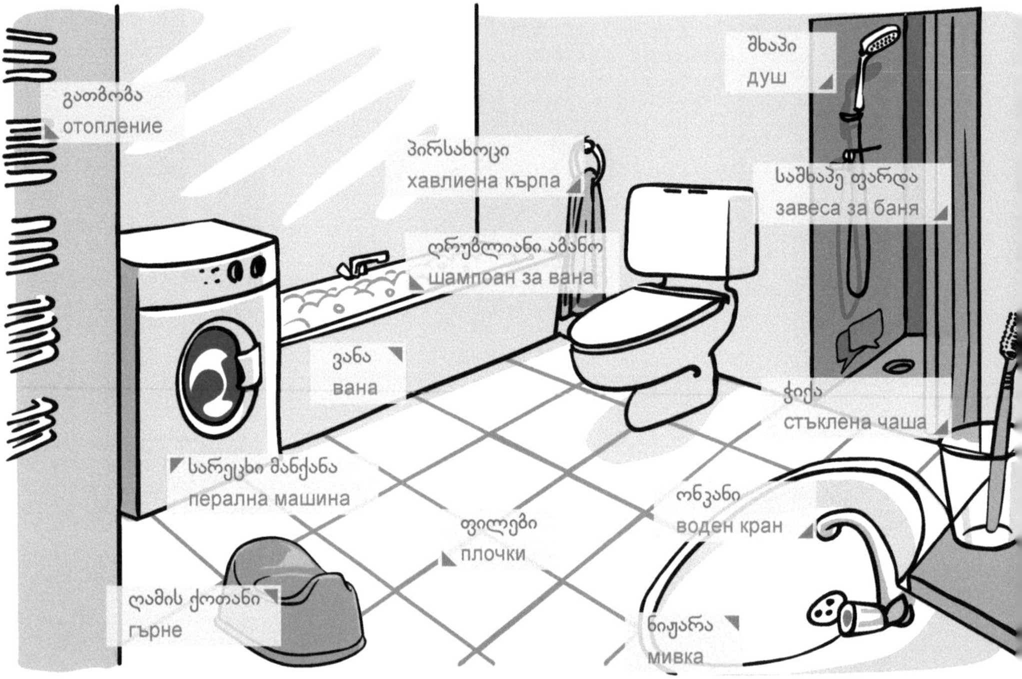

ტუალეტი
тоалетна

იატაკის ტუალეტი
клекало

ბიდე
биде

კედლის პისუარი
писоар

ტუალეტის ქაღალდი
тоалетна хартия

ტუალეტის ჯაგრისი
четка за тоалетна

კბილის ჯაგრისი

четка за зъби

კბილის პასტა

паста за зъби

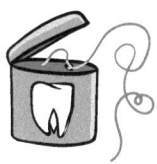

კბილის ძაფი

конец за зъби

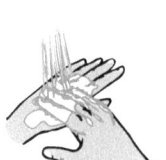

რეცხვა

мия

ხელის შხაპი

ръчен душ

ინტიმური შხაპი

интимен душ

ტაშტი

леген

ზურგის სახეხი ფუნჯი

четка за гръб

საპონი

сапун

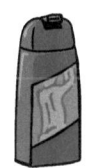

შხაპის გელი

душ гел

შამპუნი

шампоан за вана

ნეჭა

гъба за баня

სანიაღვრე

сифон

კრემი

крем

დეოდორანტი

дезодорант

სარკე

огледало

ხელის სარკე

козметично огледало

ბრიტვა

ръчна самобръсначка

საპარსი ქაფი

пяна за бръснене

საშუალება გაპარსვის შემდეგ

одеколон за след бръснене

სავარცხელი

гребен

ჯაგრისი

четка

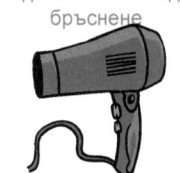

თმის საშრობი

сешоар

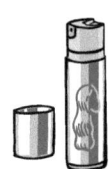

თმის ლაქი

спрей за коса

კოსმეტიკა

грим

ტუჩების პომადა

червило

ფრჩხილის ლაქი

лак за нокти

ბამბა

памук

ფრჩხილის მაკრატელი

ножица за нокти

სუნამო

парфюм

კოსმეტიკის ჩანთა

тоалетна чантичка

ტაბურეტი

табуретка

სასწორი

везна

სააბაზანო ხალათი

хавлия

რეზინის ხელთათმანები

домакински ръкавици

ტამპონი

тампон

სანიტარული პირსახოცი

дамски превръзки

ბიო-ტუალეტი

химическа тоалетна

საბავშვო ოთახი

детска стая

მაღვიძარა
будилник
რბილი სათამაშო
плюшена играчка
სათამაშო მანქანა
автомобил играчка
ჩხარუნა სათამაშო
дрънкалка
თოჯინების სახლი
къща за кукли
საჩუქარი
подарък

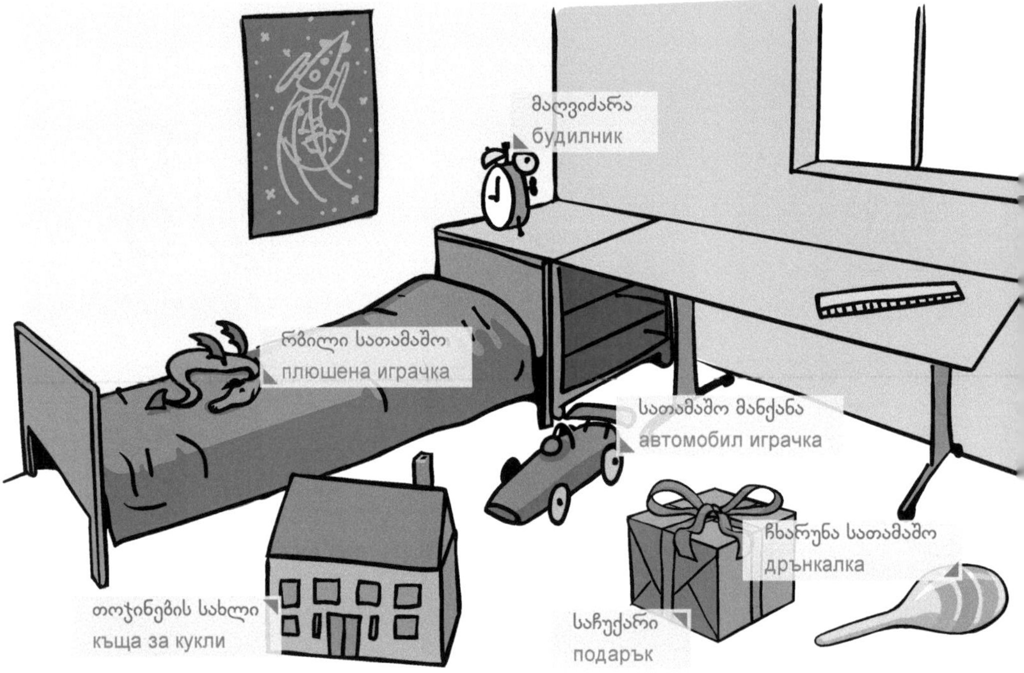

ბუშტი

балон

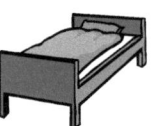

ლოგინი

легло

საბავშვო ეტლი

детска количка

კარტის თამაში

игра на карти

პაზლი

пъзел

კომიკსი

комикс

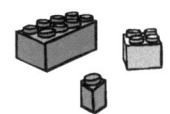

ლეგოს აგურები

лего елементи

ასაშენებელი კუბიკები

строителни елементи

სათამაშო ფიგურა

екшън фигурка

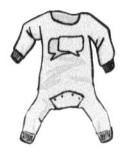

საცოცავი

бебешки гащеризон

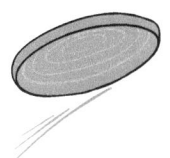

ფრისბი

фрисби

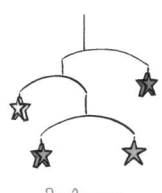

მობილე

бебешки играчки за легло

სამაგიდო თამაში

настолна игра

კამათელი

зарче

რკინიგზის მოდელი

миниатюрно влакче

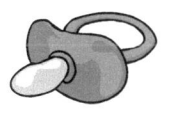

საწოვარა

биберон

წვეულება

парти

წიგნი ნახატებით

детска книга с илюстрации

ბურთი

топка

თოჯინა

кукла

თამაში

играя

საქვიშარი

пясъчник

საქანელა

люлка

სათამაშოები

играчка

ვიდეო თამაშის კონსოლი

игрова конзола

სამთვლიანი ველოსიპედი

велосипед с три колелета

დათუნია

плюшено мече

გარდეროპი

гардероб

ტანსაცმელი

облекло

წინდები

къси чорапи

ჩულქები

дълги чорапи

კოლგოტები

чорапогащник

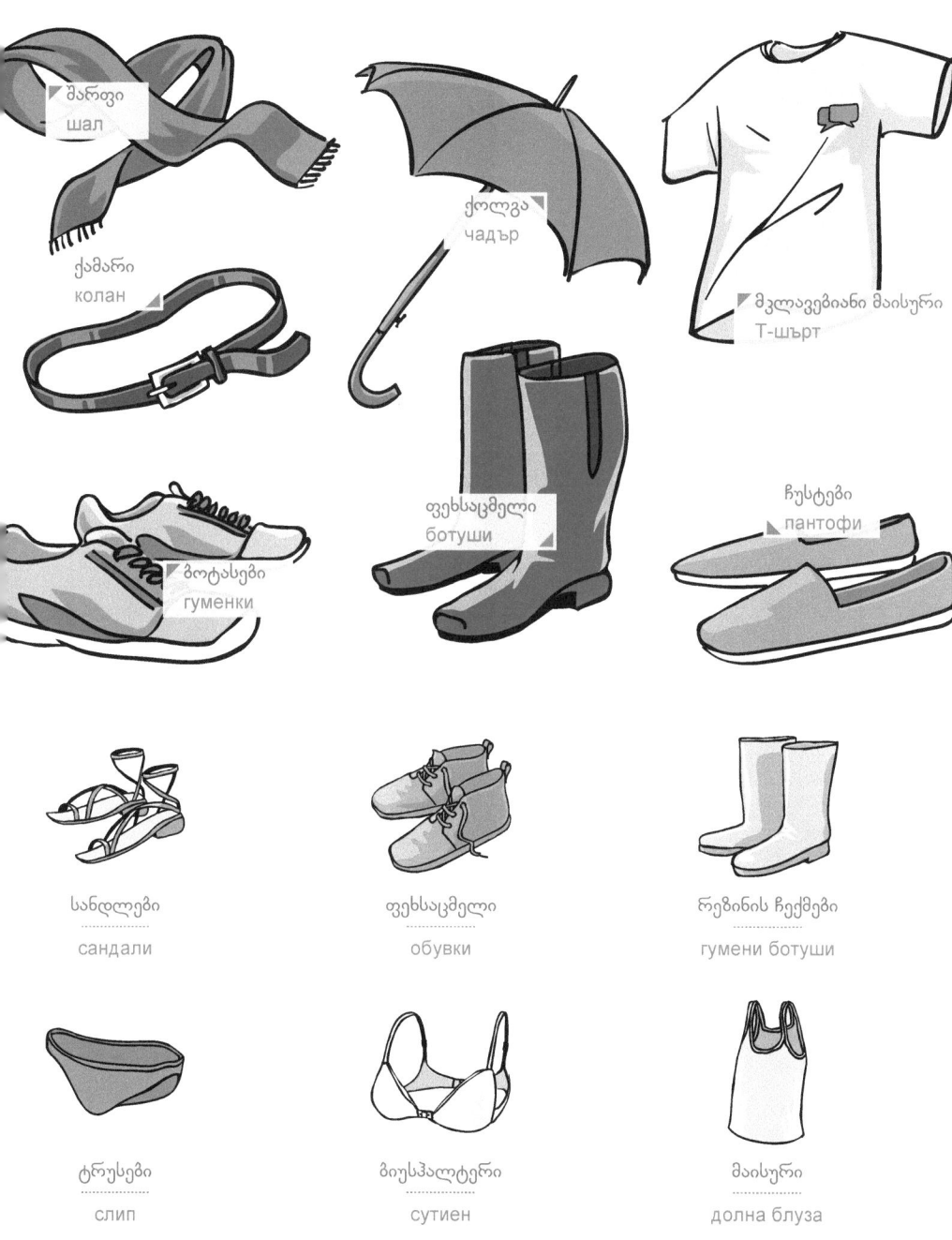

შარფი
шал

ქოლგა
чадър

მკლავებიანი მაისური

ქამარი
колан

ბოტასები
гуменки

ფეხსაცმელი
ботуши

ჩუსტები
пантофи

სანდლები

сандали

ფეხსაცმელი

обувки

რეზინის ჩექმები

гумени ботуши

ტრუსები

слип

ბიუსჰალტერი

сутиен

მაისური

долна блуза

სხეული

боди

შარვალი

панталон

ჯინსი

дънки

ქვედაკაბა

пола

ბლუზი

блуза

პერანგი

риза

სვიტრი

пуловер

კაპიუშონიანი ჟაკეტი

суичър

სპორტული ქურთუკი

блейзър

ჟაკეტი

яке

პალტო

палто

საწვიმარი

дъждобран

კოსტუმი

костюм

კაბა

рокля

საქორწილო კაბა

булчинска рокля

კაცის კოსტიუმი

костюм

ღამის პერანგი

нощница

პიჟამოები

пижама

სარი

сари

თავშალი

кърпа за глава

ტურბანი

тюрбан

ჩადრი

бурка

ხიფთანი

кафтан

აბაია

абая

საცურაო კოსტუმი

бански костюм

ჩემოდნები

плувни шорти

შორტები

къс панталон

სპორტული კოსტიუმი

анцуг

წინსაფარი

престилка

ხელთათმანები

ръкавици

ღილი

копче

სათვალეები

очила

სამაჯური

гривна

ყელსაბამი

верижка

ბეჭედი

пръстен

საყურე

обеца

კეპი

каскет

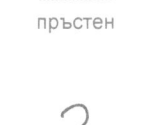

საკიდი

закачалка

ქუდი

шапка

ჰალსტუხი

вратовръзка

ელვა-შესაკრავის შეკვრა

цип

ჩაფხუტი

каска

აჭიმი

тиранти

სკოლის ფორმა

ученическа униформа

ფორმა

униформа

ბავშვის წინსაფარი

лигавник

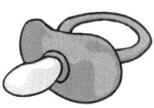

საწოვარა

биберон

პამპერსი

пелена

ოფისი
офис

სერვერი
сървър
საკანცელარიო კარადა
шкаф за документи
პრინტერი
принтер
ქაღალდი
хартия
მონიტორი
монитор
მაგიდა
бюро
თაგვი
мишка
საქაღალდე
папка
კლავიატურა
клавиатура
ათა ნარჩენი ქაღალდებისათვის
че за хартиени отпадъци
სკამი
стол
კომპიუტერი
компютър

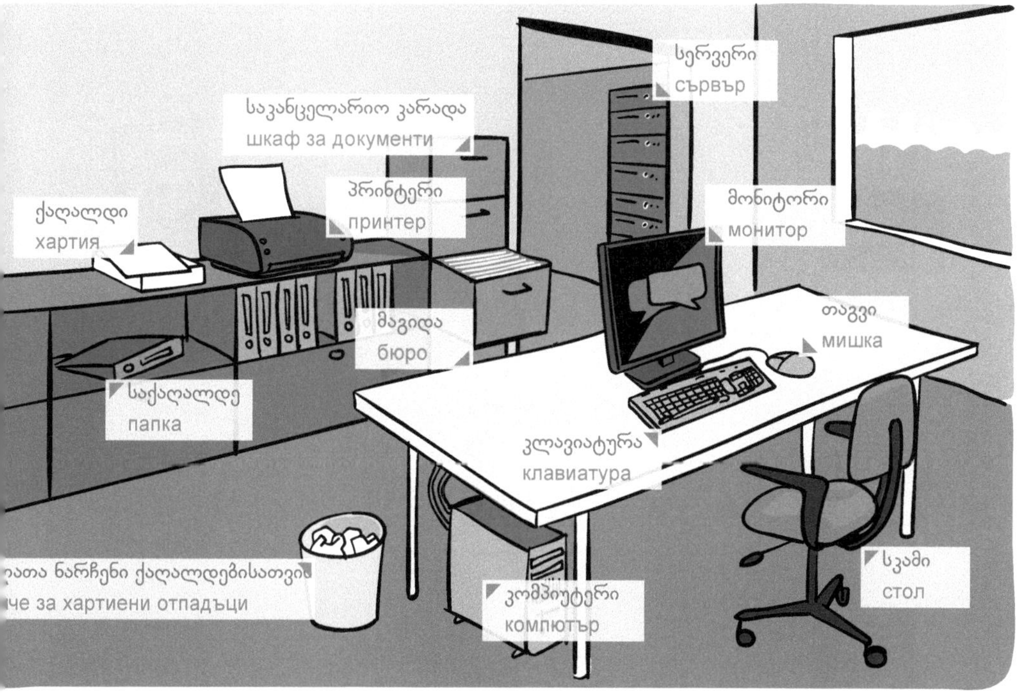

ყავის ფინჯანი

чаша за кафе

კალკულატორი

джобен калкулатор

ინტერნეტი

интернет

ლეპტოპი

лаптоп

წერილი

писмо

მესიჯი

съобщение

მობილური ტელეფონი

мобилен телефон

ქსელი

мрежа

სკანერი

ксерокс

პროგრამული
უზრუნველყოფა
софтуер

ტელეფონი

телефон

როზეტი

контакт

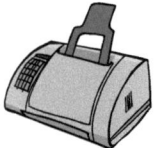

ფაქსის მანქანა

факс

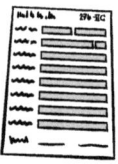

ფორმულარი

формуляр

დოკუმენტი

документ

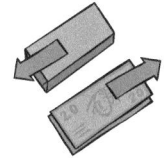

ყიდვა

купувам

გადახდა

плащам

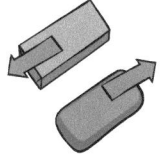

ვაჭრობა

търгувам

ფული

пари

დოლარი

долар

ევრო

евро

იენი

йена

რუბლი

рубла

შვეიცარული ფრანკი

швейцарски франк

ჟენმინბი იუანი

ренминби юан

რუპი

рупия

ბანკომატი

банкомат

ვალუტის გადაცვლის პუნქტი
обменно бюро

ოქრო
злато

ვერცხლი
сребро

ნავთობი
нефт

ენერგია
енергия

ფასი
цена

ხელშეკრულება
договор

გადასახადი
данък

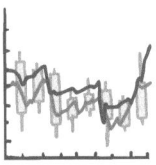

აქცია
акция

მუშაობა
работя

თანამშრომელი
служител

დამსაქმებელი
работодател

ქარხანა
фабрика

მაღაზია
магазин за цветя

პოლიციის ოფიცერი
полицай
მეხანძრე
пожарникар
მზარეული
готвач
ექიმი
лекар
მფრინავი
пилот

მებაღე

градинар

დურგალი

мебелист

თეთრეულის მკერავი ქალბატონი

шивачка

მოსამართლე

съдия

ქიმიკოსი

химик

მსახიობი

артист

ავტობუსის მძღოლი

шофьор на автобус

ტაქსის მძღოლი

шофьор на такси

მეთევზე

рибар

დამლაგებელი ქალბატონი

чистачка

სახურავის ოსტატი

майстор на покриви

მიმტანი

келнер

მონადირე

ловец

ფერმწერი

художник

მცხობელი

хлебар

ელექტრიკოსი

електротехник

მშენებელი

строителен работник

ინჟინერი

инженер

ყასაბი

касапин

სანტექნიკოსი

тенекеджия

ფოსტალიონი

пощальон

ჯარისკაცი

войник

არქიტექტორი

архитект

მოლარე

касиер

ფლორისტი

цветар

პარიკმახერი

фризьор

კონდუქტორი

кондуктор

მექანიკოსი

механик

კაპიტანი

капитан

სტომატოლოგი

зъболекар

მეცნიერი

научен работник

რაბინი

равин

იმამი

имàм

ბერი

монах

სასულიერო პირი

свещеник

იარაღები

инструменти

ჩაქუჩი
чук
ბრტყელტუჩა
клещи
სახრახნისი
отвертка
ქანჩის გასაღები
гаечен ключ
ჯიბის სანათი
джобна лампа

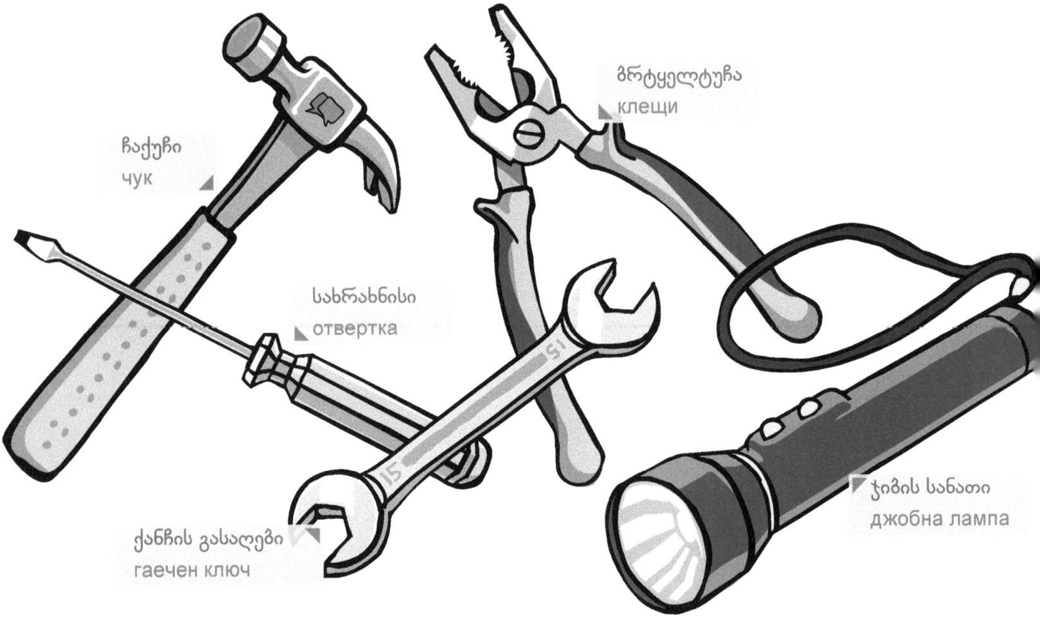

ექსკავატორი

багер

იარაღების ყუთი

кутия за инструменти

კიბე

стълба

ხერხი

трион

ლურსმები

пирони

საბურღი

бормашина

შეკეთება
....
ремонтирам

ნიჩაბი
....
лопата

ანდაზა!
....
По дяволите!

აქანდაზი
....
лопатка за смет

საღებავის ქოთანი
....
кутия за боя

ხრახნები
....
болтове

მუსიკალური ინსტრუმენტები
музикални инструменти

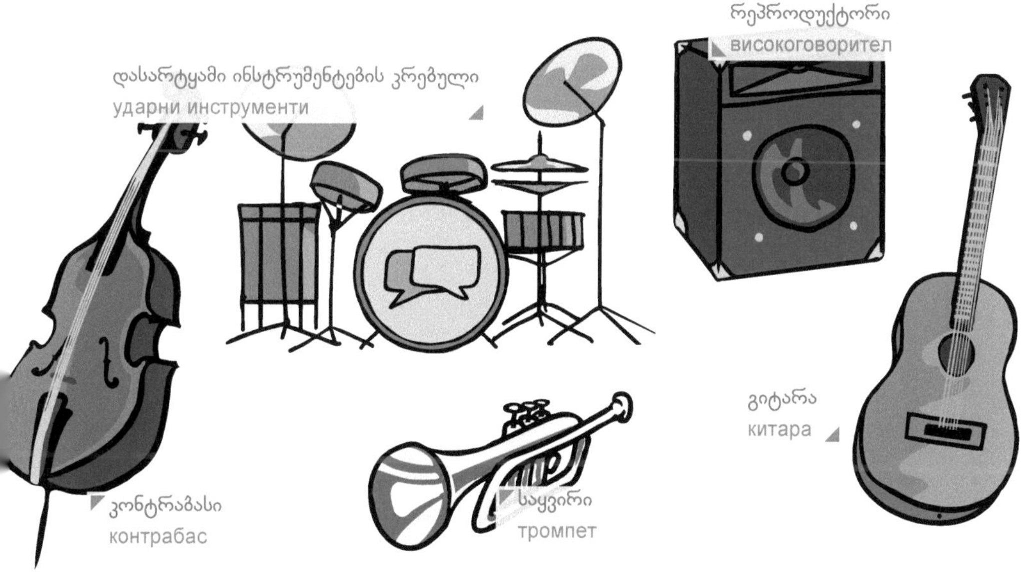

დასარტყამი ინსტრუმენტების კრებული
ударни инструменти

რეპროდუქტორი
високоговорител

გიტარა
китара

კონტრაბასი
контрабас

საყვირი
тромпет

ფორტეპიანო

пиано

ვიოლინო

виолина

ბასი

контрабас

ტიმპანონი

тимпан

დასარტყამები

барабан

კლავიშები

електрическо пиано

საქსოფონი

саксофон

ფლეიტა

флейта

მიკროფონი

микрофон

ზოოპარკი

зоологическа градина

ვეფხვი
тигър
გალია
бръмбар
შესასვლელი
вход
ზებრა
зебра
ცხოველთა საკვები
храна за животни
პანდა
панда

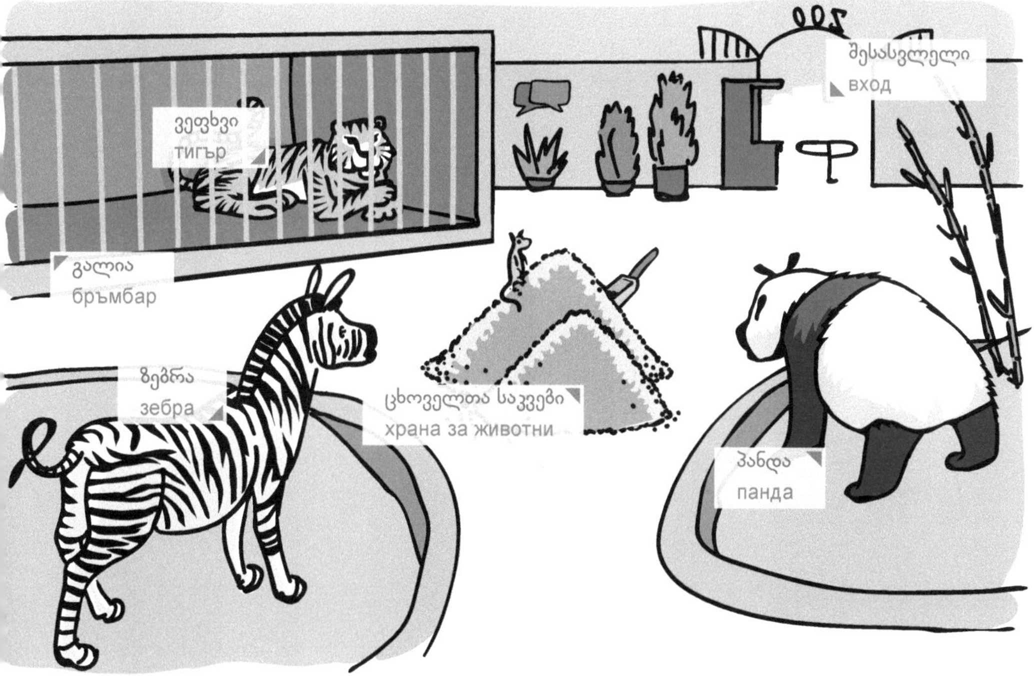

ცხოველები

животни

სპილო

слон

კენგურუ

кенгуру

მარტორქა

носорог

გორილა

горила

დათვი

мечка

 აქლემი

камила

სირაქლემა

щраус

ლომი

лъв

მაიმუნი

маймуна

ფლამინგო

фламинго

თუთიყუში

папагал

პოლარული დათვი

бяла мечка

პინგვინი

пингвин

ზვიგენი

акула

ფარშევანგი

паун

გველი

змия

ნიანგი

крокодил

ზოოპარკის მფლობელი

пазач в зоологическа
градина

სელაპი

тюлен

იაგუარი

ягуар

პონი

пони

ლეოპარდი

леопард

ბეჰემოტი

хипопотам

ჟირაფი

жираф

არწივი

орел

ტახი

диво прасе

თევზი

риба

კუ

костенурка

მორჟი

морж

მელა

лисица

გაზელი

газела

სპორტი

спорт

ამერიკული ფეხბურთი
американски футбол

ველოსპორტი
колоездене

ჩოგბურთი
тенис

კალათბურთი
баскетбол

ცურვა
плуване

კრივი
бокс

ყინულის ჰოკეი
хокей на лед

ფეხბურთი
....
футбол

ბადმინტონი
....
бадминтон

მძლეოსნობა
....
лека атлетика

ხელბურთი
....
хандбал

სათხილამურო სპორტი
....
ски бягане

წყლის პოლო
....
поло

მოქმედებები
дейности

გადახტომა
скачам
ჩახუტება
прегръщам
დაცინვა
смея се
სეირნობა
вървя
სიმღერა
пея
ოცნებობა
сънувам
ლოცვა
моля се
კოცნა
целувам

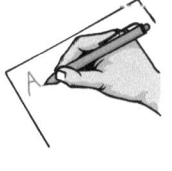

წერა

пиша

დახატვა

рисувам

ჩვენება

показвам

დაჭერა

бутам

მიცემა

давам

აღება

взимам

ქონა

имам

კეთება

правя

ყოფნა

съм

დგომა

стоя

გარბენა

тичам

მოქაჩვა

дърпам

გადაყრა

хвърлям

დაცემა

падам

ტყუილის თქმა

лежа

მოცდენა

чакам

ტარება

нося

ჯდომა

седя

ჩაცმა

обличам

ძილი

спя

გაღვიძება

събуждам се

დათვალიერება

разглеждам

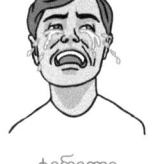

ტირილი

плача

გაუთოება

милвам

დავარცხნა

реша се

ლაპარაკი

говоря

გაგება

разбирам

შეკითხვა

питам

მოსმენა

слушам

დალევა

пия

ჭამა

ям

დალაგება

разтребвам

ყვარება

обичам

კერძების მზადება

готвя

სვლა

карам автомобил

ფრენა

летя

აფრის ქვეშ სიარული

плавам (с платна)

გამოთვლა

смятане

წაკითხვა

чета

შესწავლა

уча

მუშაობა

работя

ქორწინება

женя се

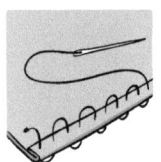

კერვა

шия

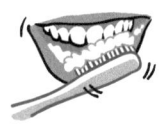

კბილების ხეხვა

измивам си зъбите

მოკვლა

убивам

მოწევა

пуша

გაგზავნა

изпращам

ბებია
баба

ბაბუა
дядо

მამა
баща

დედა
майка

ბავშვი
бебе

ქალიშვილი
дъщеря

ვაჟიშვილი
син

სტუმარი
посетител

დეიდა
леля

ბიძა
чичо

ძმა
брат

და
сестра

სხეული

тяло

შუბლი
чело
თვალი
око
სახე
лице
брадичка
მხარი
рамо
თითი
пръст
ხელი
ръка
მკერდი
гърди
მკლავი
ръка
ფეხი
крак

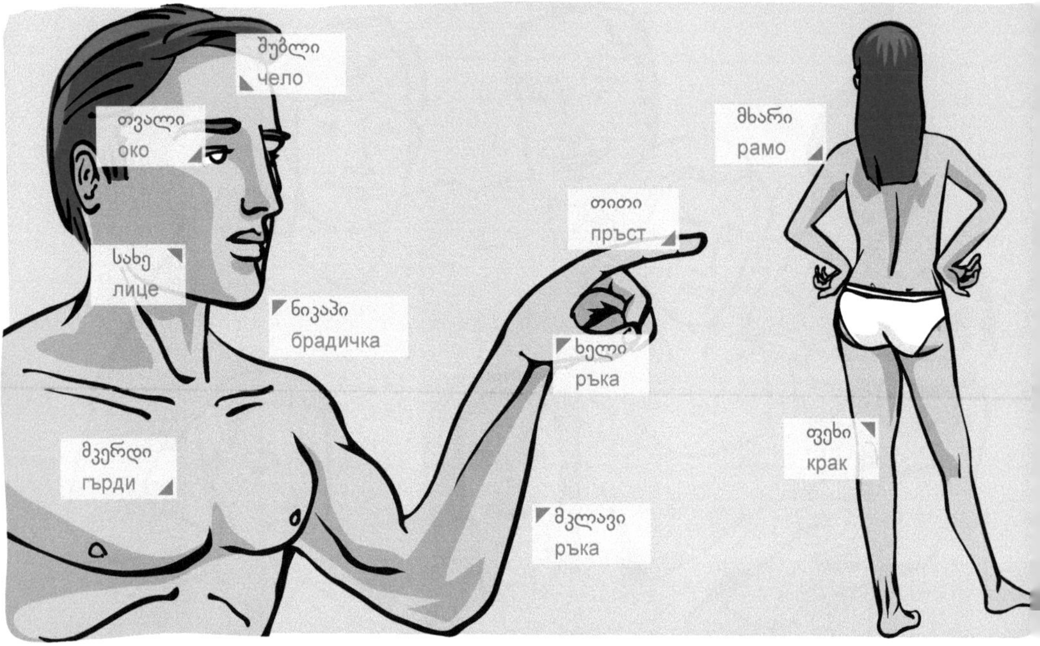

ბავშვი

бебе

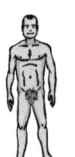

კაცი

мъж

ქალი

жена

გოგო

момиче

ბიჭი

момче

თავი

глава

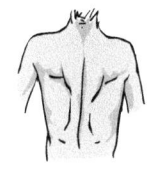

ზურგი

гръб

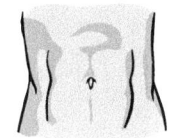

მუცელი

корем

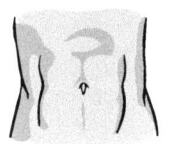

ჭიპი

пъп

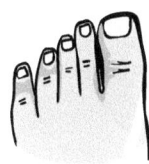

ფეხის თითი

пръст на крака

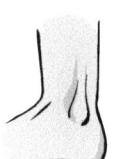

ქუსლი

пета

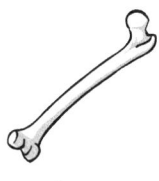

ძვალი

кост

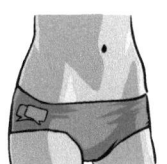

ბარძაყი

хълбок

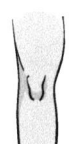

მუხლი

коляно

იდაყვი

лакът

ცხვირი

нос

დუნდულა

седалище

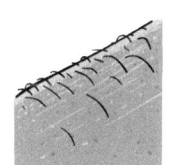

კანი

кожа

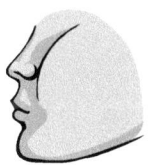

ლოყა

буза

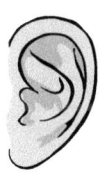

ყური

ухо

ტუჩი

устна

პირი

уста

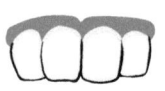

კბილი

зъб

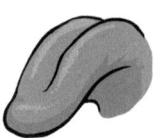

ენა

език

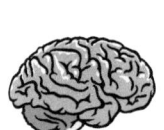

ტვინი

мозък

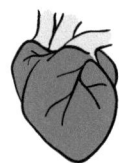

გული

сърце

კუნთი

мускул

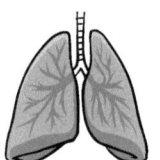

ფილტვი

бял дроб

ღვიძლი

черен дроб

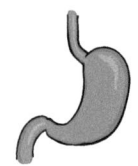

კუჭი

стомах

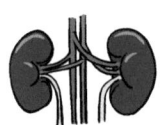

თირკმელები

бъбреци

სექსი

полово сношение

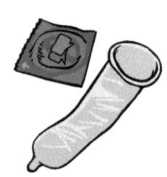

პრეზერვატივი

кондом

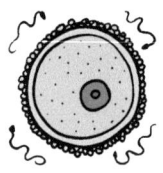

კვერცხუჯრედი

яйцеклетка

სპერმა

сперма

ორსულობა

бременност

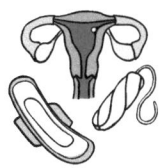

მენსტრუაცია

менструация

საშო

вагина

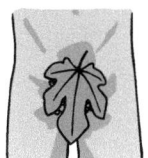

პენისი

пенис

წარბი

вежда

თმა

коса

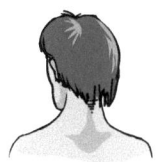

კისერი

шия

საავადმყოფო
болница

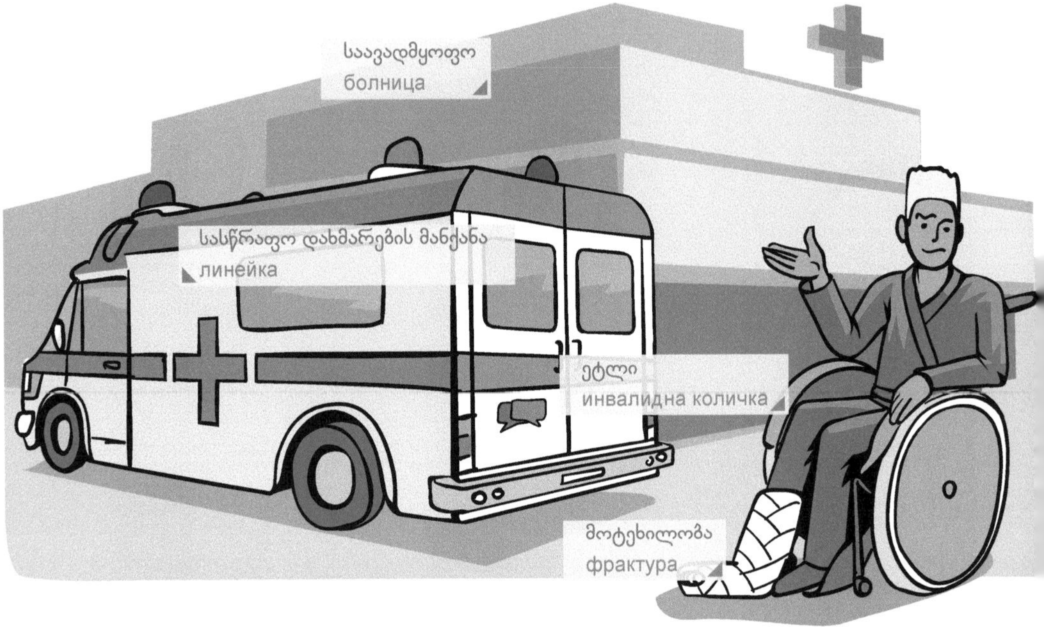

საავადმყოფო
болница
სასწრაფო დახმარების მანქანა
линейка
ეტლი
инвалидна количка
მოტეხილობა
фрактура

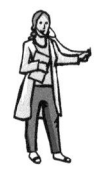

ექიმი

лекар

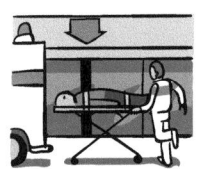

პირველი დახმარების ოთახი

спешна хоспитализация

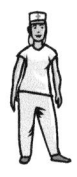

მედდა

медицинска сестра

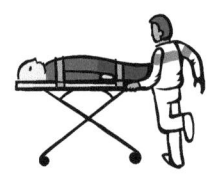

გადაუდებელი შემთხვევა

спешен случай

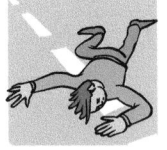

უგონოდ მყოფი

в безсъзнание

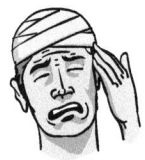

ტკივილი

болка

დაზიანება

нараняване

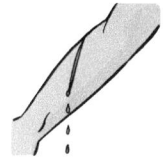

სისხლდენა

кървене

გულის შეტევა

инфаркт

ინსულტი

инсулт

ალერგია

алергия

ხველა

кашлица

ცხელება

температура

გრიპი

грип

დიარეა

диария

თავის ტკივილი

главоболие

კიბო

рак

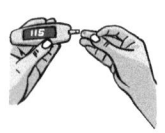

დიაბეტი

диабет

ქირურგი

хирург

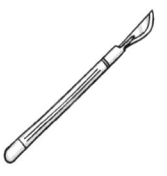

სკალპელი

скалпел

ოპერაცია

операция

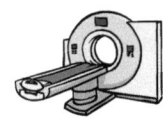

კტ

компютърна томография

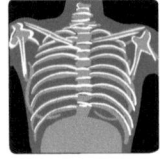

რენტგენი

рентген

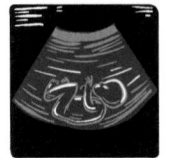

ულტრაბგერა

ултразвук

ნიღაბი

маска

დაავადება

болест

მოსაცდელი ოთახი

чакалня

ყავარჯენი

патерица

თაბაშირი

пластир

ბინტი

превръзка

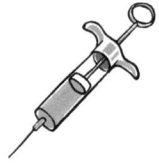

ინექცია

инжекция

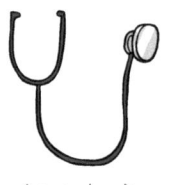

სტეტოსკოპი

стетоскоп

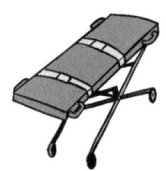

საკაცე

носилка

თერმომეტრი

термометър

დაბადება

раждане

ჭარბი წონა

наднормено тегло

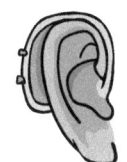

სმენის აპარატი

слухов апарат

სადეზინფექციო საშუალება

дезинфекционно средство

ინფექცია

инфекция

ვირუსი

вирус

აივ / შიდსი

HIV / AIDS

წამალი

медицина

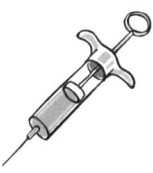

ვაქცინაცია

ваксинация

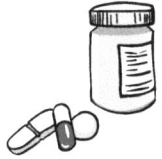

ტაბლეტები

таблети

აბი

противозачатъчна
таблетка

გადაუდებელი გამოძახება

спешно телефонно
обаждане

წნევის საზომი აპარატი

апарат за измерване на
кръвното налягане

ავადმყოფი / ჯანმრთელი

болен / здрав

გადაუდებელი შემთხვევა

спешен случай

დამეხმარეთ!

Помощ!

განგაში

сигнал за тревога

თავდასხმა

нападение

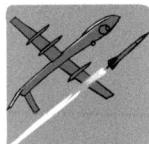

შეტევა

атака

საფრთხე

опасност

სათადარიგო გასასვლელი

авариен изход

ხანძარი!

Пожар!

ცეცხლსაქრობი

пожарогасител

უბედური შემთხვევა

злополука

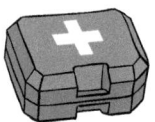

პირველადი დახმარების აფთიაქი

комплект за оказване на първа помощ

SOS

SOS

პოლიცია

полиция

ევროპა

Европа

ჩრდილოეთ ამერიკა

Северна Америка

სამხრეთ ამერიკა

Южна Америка

აფრიკა

Африка

აზია

Азия

ავსტრალია

Австралия

ატლანტიკა

Атлантически океан

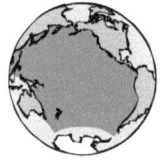

წყნარი ოკეანე

Тихи океан

ინდოეთის ოკეანე

Индийски океан

ანტარქტიკის ოკეანე

Южен ледовит океан

ჩრდილოეთის ყინულოვანი
ოკეანე

Северен ледовит океан

ჩრდილოეთ პოლუსი

Северен полюс

სამხრეთ პოლუსი

Южен полюс

ანტარქტიდა

Антарктида

დედამიწა

Земя

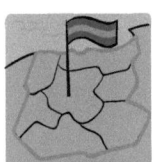

ხმელეთი

суша

ზღვა

море

კუნძული

остров

ერი

нация

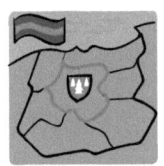

სახელმწიფო

държава

საათი

часовник

ციფერბლატი

циферблат

საათების ისარი

стрелка на часовете

წუთების ისარი

стрелка на минутите

წამების ისარი

стрелка на секундите

რომელი საათია?

Колко е часът?

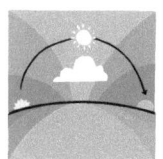

დღე

ден

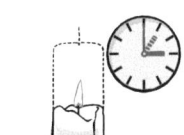

დრო

време

ახლა

сега

ციფრული საათი

дигитален часовник

წუთი

минута

საათი

час

კვირა

седмица

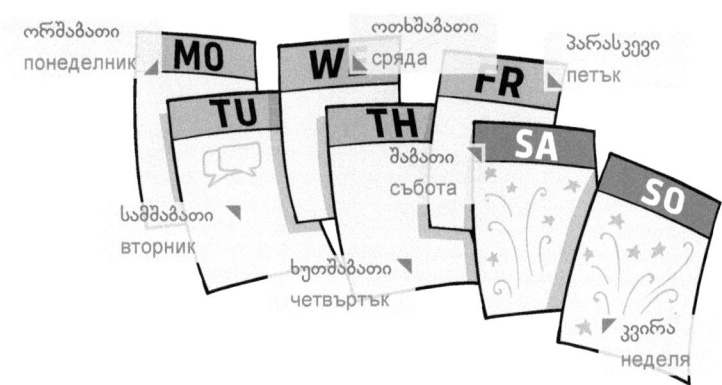

ორშაბათი
понеделник

ოთხშაბათი
сряда

პარასკევი
петък

სამშაბათი
вторник

შაბათი
събота

ხუთშაბათი
четвъртък

კვირა
неделя

გუშინ
вчера

დღეს
днес

ხვალ
утре

დილა
сутрин

შუადღე
обед

საღამო
вечер

MO	TU	WE	TH	FR	SA	SU
1	2	3	4	5	6	7
8	9	10	11	12	13	14
15	16	17	18	19	20	21
22	23	24	25	26	27	28
29	30	31	1	2	3	4

სამუშაო დღეები
работни дни

MO	TU	WE	TH	FR	SA	SU
1	2	3	4	5	6	7
8	9	10	11	12	13	14
15	16	17	18	19	20	21
22	23	24	25	26	27	28
29	30	31	1	2	3	4

შაბათი-კვირა
уикенд

წელი
година

წვიმა
дъжд
ცისარტყელა
дъга
თოვლი
сняг
ქარი
вятър
გაზაფხული
пролет
შემოდგომა
есен
ზაფხული
лято
ზამთარი
зима

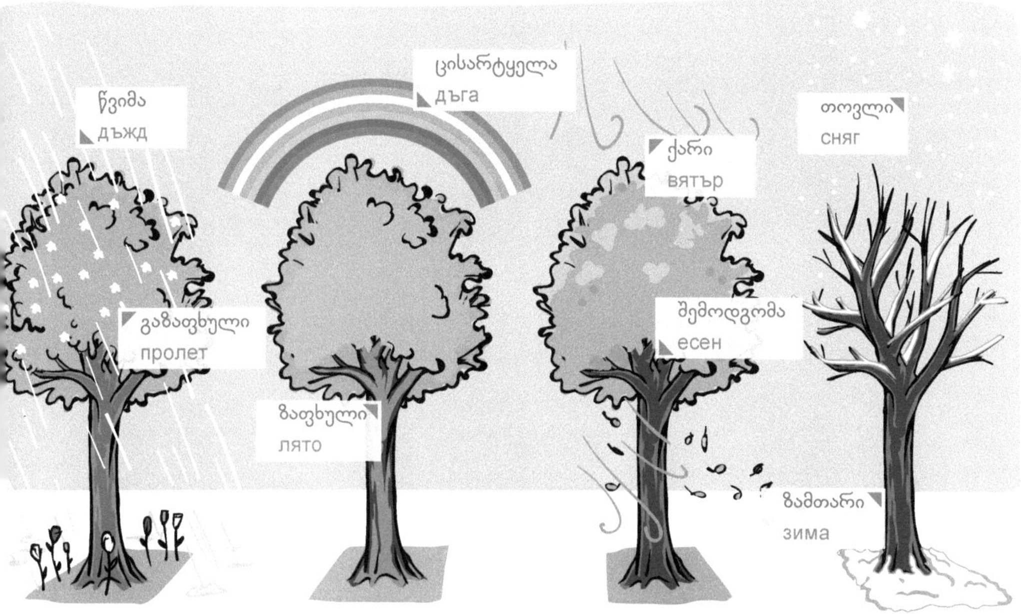

ამინდის პროგნოზი

прогноза за времето

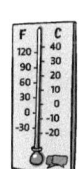

თერმომეტრი

термометър

მზის სხივი

слънчева светлина

ღრუბელი

облак

ნისლი

мъгла

ტენიანობა

влажност на въздуха

ელვა

светкавица

ქუხილი

гръмотевица

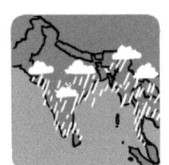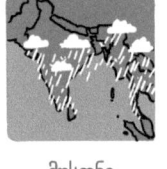

შტორმი

буря

სეტყვა

градушка

მუსონი

мусон

წყალდიდობა

наводнение

ყინული

лед

იანვარი

януари

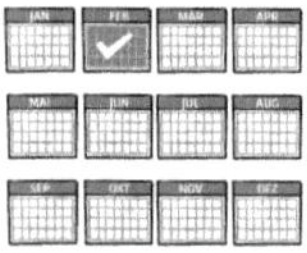

თებერვალი

февруари

მარტი

март

აპრილი

април

მაისი

май

ივნისი

юни

ივლისი

юли

აგვისტო

август

სექტემბერი

септември

ოქტომბერი

октомври

ნოემბერი

ноември

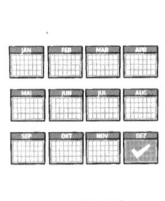

დეკემბერი

декември

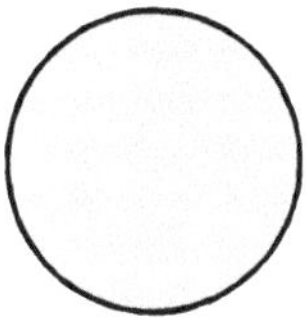

ფორმები

форми

წრე

кръг

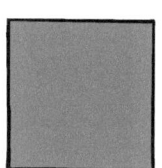

კვადრატი

квадрат

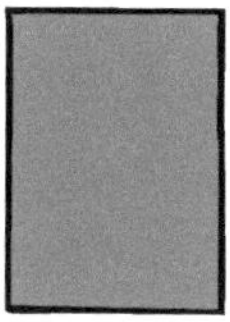

მართკუთხედი

четириъгълник

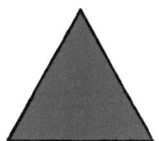

სამკუთხედი

триъгълник

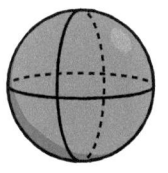

სფერო

сфера

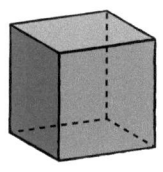

კუბი

куб

ფერები

цветове

თეთრი

бял

ყვითელი

жълт

ნარინჯისფერი

оранжев

ვარდისფერი

розов

წითელი

червен

იისფერი

лилав

ცისფერი

син

მწვანე

зелен

ყავისფერი

кафяв

ნაცრისფერი

сив

შავი

черен

ბევრი / ცოტა

много / малко

გაბრაზებული / მშვიდი

ядосан / спокоен

ლამაზი / მახინჯი

красив / грозен

დასაწყისი / დასასრული

начало / край

დიდი / პატარა

голям / малък

ნათელი / მუქი

светъл / тъмен

ძმა / და

брат / сестра

სუფთა / ჭუჭყიანი

чист / мръсен

სრული / არასრული

пълен / непълен

დღე / ღამე

ден / нощ

მკვდარი / ცოცხალი

мъртъв / жив

განიერი / ვიწრო

широк / тесен

საჭმელად ვარგისი / საჭმელად უვარგისი

ядлив / неядлив

გოროტი / კეთილი

сърдит / любезен

შთამბეჭდავი / მოსაწყენი

развълнуван / скучаещ

სქელი / თხელი

дебел / тънък

პირველი / ბოლო

най-напред / най-накрая

მეგობარი / მტერი

приятел / враг

სრული / ცარიელი

пълен / празен

მყარი / რბილი

твърд / мек

მძიმე / მსუბუქი

тежък / лек

მოშიებული / მწყურვალე

глад / жажда

ავადმყოფი / ჯანმრთელი

болен / здрав

არალეგალური / ლეგალური

нелегален / легален

ინტელექტუალი / სულელი

интелигентен / глупав

მარცხენა / მარჯვენა

ляво / дясно

ახლოს / შორს

близо / далече

ახალი / გამოყენებული

нов / употребяван

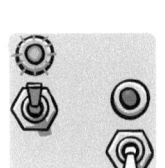

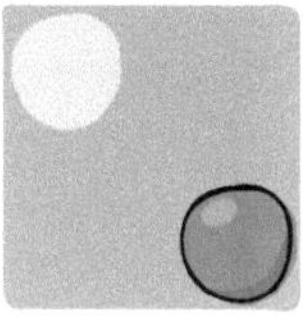

არაფერი / რაღაცა

нищо / нещо

მოხუცი / ახალგაზრდა

стар / млад

ჩართვა / გამორთვა

вкл. / изкл.

ღია / დახურული

отворен / затворен

ჩუმი / ხმამაღალი

тих / силен (звук)

მდიდარი / ღარიბი

богат / беден

მართალი / მტყვანი

правилен / погрешен

უხეში / გლუვი

грапав / гладък

სევდიანი / ბედნიერი

тъжен / щастлив

მოკლე / გრძელი

дълъг / къс

ნელი / სწრაფი

бавен / бърз

სველი / მშრალი

мокър / сух

თბილი / გრილი

топъл / студен

ომი / მშვიდობა

война / мир

რიცხვები
числа

0	1	2
ნული	ერთი	ორი
нула	едно	две
3	4	5
სამი	ოთხი	ხუთი
три	четири	пет
6	7	8
ექვსი	შვიდი	რვა
шест	седем	осем
9	10	11
ცხრა	ათი	თერთმეტი
девет	десет	единадесет

12
თორმეტი
дванадесет

13
ცამეტი
тринадесет

14
თოთხმეტი
четиринадесет

15
თხუთმეტი
петнадесет

16
თექვსმეტი
шестнадесет

17
ჩვიდმეტი
седемнадесет

18
თვრამეტი
осемнадесет

19
ცხრამეტი
деветнадесет

20
ოცი
двадесет

100
ასი
сто

1.000
ათასი
хиляда

1.000.000
მილიონი
милион

ენები

езици

ინგლისური

английски

ამერიკული ინგლისური

американски английски

ჩინური მანდარინი

китайски мандарин

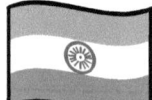

ჰინდი

хинди

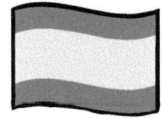

ესპანური

испански

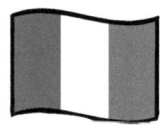

ფრანგული

френски

არაბული

арабски

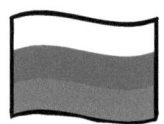

რუსული

руски

პორტუგალიური

португалски

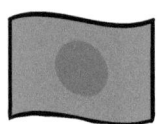

ბენგალური

бенгалски

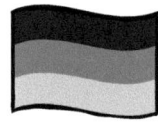

გერმანული

немски

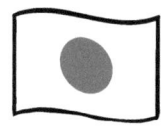

იაპონური

японски

ვინ / რა / როგორ
кой / какво / как

მე

аз

შენ

ти

ის / ის / იგი

той / тя / то

ჩვენ

ние

თქვენ

вие

ისინი

те

ვინ?

кой?

რა?

какво?

როგორ?

как?

სად?

къде?

როდის?

кога?

სახელი

име

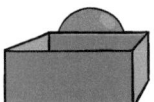

სად

къде

უკან

зад

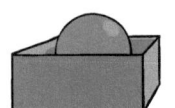

შიგნით

в

წინ

пред

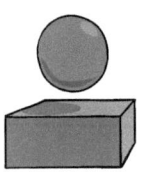

ზედ

над

=-ზე

върху

ქვეშ

под

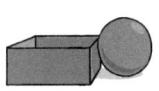

გვერდით

до

შორის

между

ადგილი

място